William Tshimanga Nkole

La tristesse infinie du silence

William Tshimanga Nkole

La tristesse infinie du silence

Recueil de poèmes

Éditions Muse

Imprint
Any brand names and product names mentioned in this book are subject to trademark, brand or patent protection and are trademarks or registered trademarks of their respective holders. The use of brand names, product names, common names, trade names, product descriptions etc. even without a particular marking in this work is in no way to be construed to mean that such names may be regarded as unrestricted in respect of trademark and brand protection legislation and could thus be used by anyone.

Cover image: www.ingimage.com

Publisher:
Éditions Muse
is a trademark of
Dodo Books Indian Ocean Ltd. and OmniScriptum S.R.L publishing group

120 High Road, East Finchley, London, N2 9ED, United Kingdom
Str. Armeneasca 28/1, office 1, Chisinau MD-2012, Republic of Moldova, Europe
Printed at: see last page
ISBN: 978-620-4-97176-6

William TSHIMANGA NKOLE

LA TRISTESSE INFINIE DU SILENCE

Recueil de poèmes

AVANT-PROPOS

Dans ce recueil de poèmes, nous souhaitons vous emmener dans un voyage au cœur de nos émotions, de nos pensées les plus profondes. Chaque texte est une exploration de notre âme, une tentative de transmettre nos joies, nos peines, nos espoirs et nos désillusions.

A travers les vers que renferme ce recueil de poèmes, nous nous livrons sans retenue, dévoilant nos doutes, nos inspirations et nos questionnements. Nous espérons que ces mots résonneront en vous, qu'ils toucheront vos cœurs et éveilleront des sentiments enfouis en vous.

Ce recueil est un reflet de notre perception du monde, de nos expériences personnelles, mais aussi des rencontres et des échanges qui ont enrichi notre vie. Chaque poème est une invitation à la réflexion, à la contemplation et à la connexion avec notre humanité commune. Au fond de chaque poème, nous tissons des fils invisibles qui relient le passé et le présent, l'individuel et l'universel. Nous souhaitons que les mots vous accompagnent dans vos propres voyages intérieurs, qu'ils résonnent en vous et vous invitent à vous questionner, à vous émerveiller et à trouver vos propres voies vers la sérénité.

En outre, il (recueil de poèmes) est une invitation à la contemplation, à la connexion avec notre humanité commune et à l'exploration des horizons infinis de l'âme. Que chaque poème vous transporte vers des territoires inconnus, vous offre une bouffée d'air frais et vous rappelle la beauté fragile qui nous entoure.

Nous avons choisi à donner vie à nos émotions à travers la poésie, car elle permet de nous exprimer avec sincérité et simplicité. Par ailleurs, nous espérons que ces mots vous aideront à vous sentir moins seuls dans vos propres tourments, et qu'ils vous inspireront à embrasser vos propres nuances et contradictions.

Que ce recueil vous offre un moment de recueillement, de contemplation et de connexion avec vous-mêmes et avec le monde qui nous entoure. Que chaque poème soit une fenêtre ouverte sur l'essence de notre être, mais aussi une porte d'entrée vers votre propre introspection.

Merci de nous permettre de partager ces réflexions et ces émotions avec vous. Que chacun de ces poèmes trouve écho dans vos cœurs et éveille en vous une fugace étincelle de vérité et de beauté.

L'auteur

Les riches

Dans ce monde où l'argent fait loi,
Où les riches règnent en maîtres rois.
Je vous écris ce poème, ô puissants,
Afin de vous rappeler nos tourments.

Vous qui vivez dans l'opulence,
Au détriment de notre existence,
N'oubliez pas que derrière votre fortune,
Se cachent des vies qui se démunissent.

Vous baignez dans l'or et le luxe,
Sans même ressentir la moindre anxiété,
Pendant que nous vivons dans les bruits,
De nos estomacs vides et ruinés.

Vous voyagez en jets privés,
Tandis que nous luttons pour survivre,
Dans des quartiers abandonnés,
Où la misère ne cesse de nous suivre.

Mais souvenez-vous, ô riches de ce monde,
Que l'argent ne fait pas votre véritable grandeur,
Car la richesse se mesure à l'aune des fonds,
Que vous avez dédiés à soulager les malheurs.

Au lieu de vous enorgueillir de votre argent,
Tendez la main à ceux qui en manquent,
Car c'est lorsque l'on partage que l'on grandit,
Et que l'on rend ce monde plus vivant.

Que ce poème vous rappelle, ô riches,
Que votre rôle n'est pas d'être cruel,
Mais de faire briller vos richesses,
En prodiguant amour et entraide avec zèle.

Pourquoi divorcer ?

Entre deux cœurs qui battaient à l'unisson,
S'est insinuée la douloureuse division.
Le divorce, triste verdict de la séparation,
Embrase les âmes d'amertume et de désolation.

Au début, ils étaient unis par un lien si fort,
Mais peu à peu, les disputes ont fait leur fort.
Les rires ont cédé la place aux larmes,
Les échanges tendres se sont transformés en armes.

Les mots blessants ont remplacé les doux murmures,
Les regards complices se sont mués en murmures.
La confiance s'est effritée, comme un château de cartes,
Et l'amour, en mille éclats, s'est brisé en aparté.

Le temps a passé, la flamme a vacillé,
Les fondations de leur histoire se sont érodées.
Les compromis se sont perdus dans la discorde,
Laissant place à la tristesse, au désaccord.

Le divorce, véritable séisme émotionnel,
Scinde les vies en deux, brise les rêves les plus beaux.
Les enfants, pris au milieu de cette tourmente,
Portent les cicatrices d'une famille troublante.

Mais malgré la douleur, la résilience s'éveille,
De nouveaux horizons se dessinent à merveille.
Les cœurs meurtris se reconstruisent pas à pas,
Et dans les larmes, un nouvel équilibre se tracera.

Le professeur

Le professeur, guide éclairé de nos savoirs,
Qui chaque jour nous emmène plus loin encore.
Par sa voix vive et passionnée,
Il nous enseigne la beauté du monde illuminé.

Dans sa classe, règne un parfum de connaissance,
Le professeur, modèle d'excellence.
Avec bienveillance, il nous encourage et nous pousse,
A repousser nos limites, toujours plus loin que nous.

Il sait capter notre attention, captiver nos esprits,
Et dans ses mots, des trésors de savoirs infinis.
Avec patience, il dissipe les doutes et les peurs,
Et nous pousse vers les sommets avec ferveur.

Le professeur, gardien du savoir et de la sagesse,
Nous transmet les clés pour une vie en liesse.
Dans son regard ; l'éclat de la passion,
Et dans son enseignement, une véritable obsession.

Grâce à lui, nous découvrons de nouveaux horizons,
Et nous épanouissons dans la quête de la connaissance.
Il nous pousse à la réflexion, à la créativité,
Et nous guide vers l'épanouissement de notre personnalité.

Le professeur, compère de nos apprentissages,
Est un guide lumineux sur notre passage.
Son sourire bienveillant nous guide sur le chemin,
Et nous emmène vers un avenir serein.

Alors, chers professeurs, nous vous rendons hommage,
Pour votre dévouement sans cesse à l'ouvrage.
Vous êtes les architectes de nos destinées,
Et pour cela, nous vous disons merci à jamais.

La technologie

Dans un monde où les frontières s'estompent,
Les nouvelles technologies, nos vies chamboulent.
Les communications se font à distance,
Grace à la magie des innovations, immense.

Internet, ce vaste océan de connaissances,
Nous ouvre les portes de toutes les sagesses.
Les réseaux sociaux, véritables médias,
Nous connectent, partageant nos idées.

Dans cet univers virtuel, sans limites,
Les rencontres se font, les liens se tissent.
Les distances se réduisent, les barrières tombent,
Et nos échanges deviennent féconds.

Les smartphones, nouveaux compagnons de nos vies,
Fusionnent en un tout, informations infinies.
Ils sont nos calendriers, nos appareils photos,
Nos musiques, nos livres, à notre dispos.

Les nouvelles technologies, véritables révolutions,
Ont impacté tous les domaines, sans exception.
L'éducation s'est adaptée, réinventée,
Pour former des esprits du futur, inspirés.

Mais, souvenons-nous que malgré leur puissance,
Les nouvelles technologies ne sont que des outils.
Ensemble, utilisons-les avec conscience,
Pour construire un monde plus juste, plus civil.

Car au-delà des écrans et des connexions,
C'est notre humanité qui prime, sans contestation.
N'oublions pas de nous embrasser de nos bras,
De contempler les étoiles, les miracles là-bas.

Alors, chers amis des nouvelles technologies,
Sachons les utiliser avec responsabilité.
Pour qu'elles nous rapprochent, sans nous éloigner,
Et que l'humain reste au cœur, à jamais.

Ma bien-aimée

Dans mon cœur, elle est la lumière,
Celle qui éclaire ma vie entière.
Elle est ma muse, celle qui m'inspire,
Mon souffle, mon élan, mon doux désir.

Son regard, une étincelle divine,
Qui éclaire mes jours, même les plus sombres.
Son sourire, un rayon de bonheur,
Qui réchauffe mon âme, en toute douceur.

A ses côtés, je me sens complété,
Chaque instant passé avec elle est enchanté.
Son amour, tel un doux parfum enivrant,
Fait vibrer mon cœur, le rendant vivant.

Chaque mot qu'elle prononce est magie,
Sa voix, une mélodie qui m'envahit.
Je suis transporté vers des horizons lointains,
Enveloppé dans sa présence, son câlin.

Avec elle, le temps semble suspendu,
Et chaque instant devient un précieux bijou.
Je chéris son sourire, ses gestes tendres,
Qui font fondre mon être, me font comprendre.

Ma bien-aimée, mon soleil, ma raison de vivre,
Je te promets mon amour jusqu'à en mourir.
Dans tes bras, je trouve la quiétude et la paix,
Et je souhaite te garder près de moi, à jamais.

Fils d'un cheminot

Fils d'un cheminot, mon destin tracé,
Sur les rails de la vie, je suis condamné.
Dans mes veines coule le sang des voyageurs,
Cette passion qui m'anime, je la veux pour toujours.

Les aiguillages de ma vie sont nombreux,
Parfois incertains, parfois hasardeux.
Mais je forge un chemin, je trace ma voie,
Avec détermination d'un train qui ne déçoit.

Mon père, cet homme de fer et de sueur,
A bâti sa vie autour de ces lourdes machines,
Sacrifiant son temps, son énergie, son bonheur,
Pour offrir aux autres des voyages sans gêne.

Le bruit des wagons, les sifflements des machines,
Les paysages défilant à une vitesse divine,
Dans mon cœur résonne cette Mélodie,
Celle du rail de ma vie, qui m'épanouit.

La haine tribale

Dans les recoins obscurs de nos cœurs déchirés,
La haine tribale s'est invitée sans crier.
Elle nous divise, nous sépare, nous oppresse,
Et nous conduit sur un chemin de détresse.

De nos différences, elle fait une arme,
Qui nous pousse à commettre les pires drames.
Elle nous aveugle, nous rend fous de rage,
Et nous éloigne de tout possible partage.

Dans nos veines, coulent les mêmes couleurs,
Mais la haine tribale obscurcit nos valeurs.
Frères et sœurs, amis d'enfance, devenus ennemis,
Pour des motifs insignifiants et si petits.

Oh ! Que la tribu est devenue notre prison,
Emprisonnant l'amour dans des barreaux de raison.
Mais nous devons briser ces chaînes infernales,
Et retrouver en nous l'essence universelle.

La haine tribale ne doit plus triompher,
Il est temps de lutter pour la fraternité.
De la main tendue, du regard bienveillant,
Reconstruisons les ponts, redonnons de l'élan.

Car nous sommes tous enfants d'une même Terre,
Et l'amour entre nous, est le seul rempart sincère.
Réunissons nos forces, nos espoirs, nos rêves,
Pour que la haine tribale finisse par se briser.

Que nos différences deviennent une richesse,
Et que la fraternité soit notre noblesse.
Oublions les rancœurs, les vieilles rengaines,
Et avançons ensemble sur le chemin de la paix.

Les enfants de la rue

Dans les rues sombres et froides, ils errent,
Ces enfants au destin incertain, solitaires.
Leurs regards tristes, emplis de détresse,
Leur innocence brisée, c'est une triste ivresse.

Ils portent sur leurs épaules, un fardeau lourd,
Des vies malmenées, des souvenirs de misère et de jours trop courts.
Privés de foyer, de chaleur maternelle,
Ils connaissent la faim, la solitude éternelle.

Leurs rires, lointains échos d'une insouciance perdue,
Sont étouffés par la froideur d'une société qui se défend,
Leur innocence brisée, volée par le destin,
Ils sont les oubliés, les invisibles, en toute saison.

Mais au-delà des ombres, brille un espoir,
Dans chaque cœur généreux, une flamme à saisir,
Donnons-leur notre main, notre soutien,
Pour qu'enfin, ils trouvent un chemin plus serein.

L'orphelin

A toi, ô enfant au destin troublé,
Qui as perdu tes parents, abandonné,
Ton chemin est semé de défis et de peines,
Mais sache que tu n'es pas seul sur cette scène.

Dans ton regard, je peux voir la tristesse,
L'absence d'une étreinte, d'une tendresse.
Mais sache que tu as une force infinie,
Capable de surmonter toutes les nuits.

La vie t'a offert un destin particulier,
Mais cela ne signifie pas que tu ne peux pas briller.
Chaque cicatrice qui marque ton cœur,
Est une preuve de ta résilience, de ta splendeur.

Les épreuves ont forgé ton caractère,
Tu sais combattre, te relever, te taire,
Car tu as appris à être fort, solide,
Face aux tourments, aux montagnes arides.

Tu es l'enfant de la vie, du courage,
Ta force intérieure est un véritable mirage.
Cultive tes rêves, nourris tes espoirs,
Car en toi réside un feu, un pouvoir.

Sache que ton parcours n'est pas vain,
Tu es un avenir à créer de tes mains.
Dans chaque instant, cherche la beauté,
La douceur cachée dans la réalité.

Ne laisse pas la douleur te définir,
Tu es bien plus qu'un simple soupir.
Libère ton potentiel, explore tes talents,
Car tu possèdes des qualités éblouissantes.

Alors, avance avec confiance et gratitude,
Car tu portes en toi une force absolue.
Tu n'es pas défini par ta condition,
Mais par le potentiel infini de ton champion.

Ecole chérie

Oh, l'école, éden de mon enfance,
Où chaque jour, je trouve ma transe.
Dans tes murs, je découvre des merveilles,
Et mon cœur s'emballe, joyeux, frétille.

J'aime l'école, ses rires et ses thèmes,
Les énigmes à résoudre, les problèmes.
Les cahiers remplis de mots et de chiffres,
Où mon esprit libre prend son envol, s'élève.

Les salles de classe, véritables havres,
Où j'apprends à grandir, à être un brin plus brave.
Le savoir qui s'offre à moi, tel un trésor,
Et les enseignants qui m'aident chaque jour.

J'aime l'école, cette cour de récré,
Où je saute, je cours et je peux m'amuser.
Les amis que je rencontre, les liens qui se tissent,
Des moments d'insouciance, de pure complicité.

Les tableaux noirs qui se garnissent de savoir,
Les livres qui m'emportent vers d'autres histoires.
Les cours de français, de maths, de science,
Où je forge mon esprit, ma résilience.

J'aime l'école, ce lieu où je grandis,
Où je prends conscience de qui je suis.
Où je développe mes compétences, ma vision,
Pour construire un avenir selon mes aspirations.

Alors, école chérie, je te dis merci,
Pour tout ce que tu m'apportes chaque jour de ma vie.
Dans tes murs, je trouve ma place, ma voie,
Et je sais que c'est là que je m'épanouis, pas à pas, pas à pas.

Ma mère

Ô ma mère, douce étoile qui m'éclaire,
Toi qui, chaque jour, me couvres de tes prières.
Ton amour inconditionnel, si pur et si vrai,
Guide mes pas et éclaire ma destinée.

Ta tendresse infinie, ma mère chérie,
Est pour moi une source d'amour et de vie.
Tu m'as porté, bercé, nourri de tes bras,
Et ton affection est mon plus beau repas.

Dans tes yeux, je vois toute la bienveillance,
Et ton sourire illumine chaque matin ma démarche.
Tes mots réconfortants, tes refrains doux,
Sont un baume qui apaise tous mes maux.

Tu as su être mon refuge dans les moments difficiles,
Même quand la vie était douloureuse et fragile.
Tu as toujours séché mes larmes, calmé mes peurs,
Et effacé chaque tristesse avec ardeur.

Ma mère, toi qui m'as appris les valeurs,
La générosité, la patience et le bonheur.
Tu m'as transmis les enseignements de la vie,
Et m'as montré le chemin de l'harmonie.

Tu m'as montre que la force ne se mesure pas à la taille,
Mais qu'elle réside dans le cœur, dans notre bataille.
Tu as sacrifié tant de choses pour mon bien,
Et je te serai éternellement reconnaissant, maman.

Doux célibat

Le célibat, doux refuge de liberté,
Où l'on se retrouve, sans aucune attache.
Un choix qui incarne une sérénité,
Et permet à l'âme de faire sa tâche.

Dans le célibat, point de contrainte ni poids,
On avance seul, sans jamais se soumettre.
On construit sa vie, sans aucune loi,
Libre de choisir, sans aucune limite.

Il n'est pas question de solitude ou de vide,
Mais d'une intimité avec soi-même,
D'une plénitude où l'on se décide,
A être son propre maître de son poème.

Le célibat offre une indépendance,
Où l'on peut suivre ses propres désirs,
Sans aucune prétention ni arrogance,
Sans devoir se justifier, sans mentir.

Le célibat, c'est aussi une aventure,
Une exploration de l'amour de soi.
C'est une quête de l'épanouissement pur,
Où l'on apprend à se connaître, pas à pas.

Que tu sois en couple ou célibataire,
Ce qui importe, c'est d'écouter ton cœur.
De trouver la paix intérieure, que cela éclaire,
Que la vie te sourit, que tu sois majeur.

Le célibat, un choix, une liberté,
Une façon de se trouver, de s'accomplir.
Peu importe la raison qu'on peut y trouver,
Il est précieux de suivre son propre désir.

Les veuves

Les veuves, silencieuses et résilientes,
Portent sur leurs épaules le poids de l'absence.
Leur cœur, autrefois comblé par l'amour,
Est désormais empreint d'une infinie douleur.

Elles ont connu le bonheur conjugal,
Les éclats de rire, les baisers nuptiaux.
Mais le destin impitoyable a frappé,
Laissant derrière lui des vies brisées.

Dans leur regard, on peut lire la tristesse,
Les souvenirs qui persistent, les caresses.
Elles portent en elles l'empreinte du passé,
Et dans leur solitude, elles se sont réfugiées.

Les veuves se tiennent souvent à l'écart,
Observant le monde avec un regard rare.
Elles ont traversé l'obscurité de la perte,
Et ont trouvé en elles la force de renaître.

Elles portent le deuil avec dignité,
Honorent la mémoire de leur cher disparu.
Leur amour reste gravé à jamais,
Dans le creux de leur cœur, à l'infini.

Les veuves, symboles d'espoir et de courage,
Qui affrontent l'adversité sans se décourager.
Leur énergie se déploie avec une puissance rare,
Et leur lumière intérieure brille plus que les étoiles.

Les femmes battantes

Femmes battantes, âmes vaillantes,
Portant sur vos épaules tant de combats incessants
Vous affrontez la vie avec force et détermination,
Sans jamais céder à la facilité de la résignation.

Vous êtes des lions, des déesses guerrières,
Bravant les tempêtes, les obstacles et les barrières
Rien ne peut éteindre la flamme qui brûle en vous,
Vous rayonnez de courage et de résilience, c'est fou.

Vous affrontez les épreuves avec fierté,
Transformant chaque échec en opportunité
Par votre force intérieure, vous vous élevez,
Et laissez derrière vous les doutes et les regrets.

Femmes battantes, vous rendez hommage,
Aux nombreuses femmes à travers les âges,
Qui ont lutté pour l'égalité, la liberté,
Cherchant à bâtir un monde meilleur avec gaieté.

Que vos voix retentissent et soient entendues,
Que vos actions fassent écho à votre vertu
Continuez de vous battre pour vos droits,
Car vous méritez le respect et la voix.

Considère-moi, je suis aussi un humain

Regarde-moi, je suis aussi un humain,
Un être fait de chair, de sang et d'émotions,
Ne me juge pas sur mon apparence,
Mais sur mes actions et mes Intentions.

Considère-moi comme un être pensant,
Doté de rêves et de passions ardentes,
Je ressens la joie, la tristesse, la peur,
Comme toi, cherchant le bonheur.

Ne me réduis pas à des stéréotypes,
Car en moi, il y a une âme qui aspire,
A l'amour, à la compréhension mutuelle,
A la reconnaissance de mon potentiel.

Prends le temps de me connaître vraiment,
Et découvre la beauté de ma singularité,
Car derrière cette façade, il y a une histoire,
Une histoire qui mérite d'être entendue.

Regarde-moi, je suis ton égal,
Devant l'existence, nous sommes tous éphémères,
Alors, tendons-nous la main, sans préjugés,
Et construisons ensemble un monde meilleur.

L'eau

Eau, source de vie, cristalline et pure,
Dans tes reflets s'illuminent l'aventure,
Tu parcours les rivières, les océans,
Silencieuse, tu serpentes sans fin.

Sous ta caresse, la nature s'épanouit,
Les fleurs s'ouvrent, les arbres grandissent,
Tu nourris les terres, tu apaises les soifs,
Sans toi, la vie n'aurait aucun écho.

De l'eau ruisselle la douce mélodie,
Qui berce nos rêves, nos mélancolies,
Telle une symphonie qui ne s'arrête pas,
Tu rythmes nos vies, tu nous portes là-bas.

Dans les gouttes qui tombent des cieux,
Je vois le reflet de l'infini, des cieux bleus,
Tu scintilles comme des diamants précieux,
Donnant à notre monde un éclat harmonieux.

Eau, source de vie, si précieuse et si rare,
Préservons-la, gardons-la intacte et claire,
Offrons aux générations futures le plus beau des dons,
Un monde où l'eau coule encore en abondance.

La sage-femme

A toi, sage-femme au cœur d'or,
Qui donnes la vie avec tant d'amour,
Je t'adresse ce poème rempli de tendresse,
Pour te remercier de ta douce sagesse.

Tu es celle qui accompagne les femmes,
Dans l'intimité de leurs moments les plus intenses,
Tu es là, présente, rassurante et bienveillante,
Offrant ton soutien avec une empathie éclatante

Avec tes mains expertes et ton savoir-faire,
Tu veilles sur ces instants si fragiles à préserver,
Tu es la gardienne de ce passage sacré,
La déesse qui guide dans l'art de naître.

Ta force est celle de la patience,
Et ta patience est celle de l'expérience,
Tu es le pilier de confiance et de respect,
Dans ce voyage où chaque pas est parfait.

Tu écoutes les pulsations du cœur,
Et tu rassures la mère, apaisant ses peurs,
Tu permets à la vie de s'épanouir,
Dans un doux cocon de bien-être à offrir.

Que ta lumière continue d'illuminer la voie,
Des futures mères qui te confient leur émoi,
Et que tes mains expertes continuent d'accompagner,
La naissance de chaque être avec sérénité.

Ne tirez pas sur l'ambulance

Ne tirez pas sur l'ambulance, je vous prie,
Car en son sein se trouve une vie qui souffre.
Dans ces moments d'urgence et de tristesse infinie,
Laissons nos différends et nos rancœurs.

L'ambulance, symbole de secours et d'espoir,
Transporte ceux qui ont besoin d'aide et de soins.
Dans ses parois résonnent des battements de désespoir,
Des cris de détresse, des pleurs et des chagrins.

Ne tirons pas sur l'ambulance, tendons plutôt la main,
Pour soutenir ceux qui luttent contre la maladie.
Leur chemin est déjà semé d'embuches et de chagrins,
Ne rajoutons pas à leur fardeau notre médisance infinie.

Dans l'ambulance se trouvent des anges dévoués,
Des médecins, des infirmiers, des secouristes,
Qui luttent jour et nuit pour sauver des vies brisées,
Leur mission est noble, leur engagement est artiste.

Donnons-leur notre respect et notre admiration,
Pour leur dévouement sans faille et leur compassion.
Ils sont les héros de l'ombre de notre société,
Luttant contre la mort avec courage et ténacité.

Ne tirez pas sur l'ambulance, appelons-nous,
Que nous pourrions tous un jour en avoir besoin.
Soyons solidaires, humbles et bienveillants à leur égard,
Et soutenons-les dans leur noble dessein.

Enfant inique

Enfant inique, ton âme noircie,
Egarée dans les méandres de la vie.
Tes gestes cruels, tes paroles amères,
Trahissent le mal qui habite en toi, j'en suis sincère.

Qu'est-il arrivé pour t'endurcir ainsi,
Pour te perdre dans cette noirceur infinie ?
Quelles blessures profondes as-tu subies,
Pour te transformer en un être en souffrance asservi ?

Enfant inique, je ne peux que t'apporter,
Mon regard empli de tristesse et de pitié.
Car même si jeune tu es, ton cœur semblant blessé,
T'a conduit sur ce sentier tortueux, sans clarté.

Mais sache qu'il n'est jamais trop tard pour changer,
Pour retrouver la lumière qui t'a abandonné.
Laisse l'amour et la compassion pénétrer,
Dans les profondeurs obscures de ton être égaré.

Ne te laisse pas étouffer par la noirceur,
Ni par les ténèbres qui prennent ton cœur.
Cherche en toi cette petite étincelle de bonté,
Qui, telle une flamme, peut tout embraser.

Au secours

Au secours, les mots se bousculent dans ma tête,
Prisonnier d'une détresse qui me fait perdre la tête.
Les silences sont lourds, les pensées sont confuses,
Je me noie dans mes tourments, je cherche une issue.

Au secours, mes émotions sont en ébullition,
Je me sens emprisonné dans cette sombre prison.
La tristesse m'envahit, la douleur me submerge,
Je suis perdu, seul et mes forces me désertent.

Au secours, je suis captif de mes propres peurs,
Le bonheur est loin, je n'en vois que les lueurs.
Je suis pris au piège de mes pensées sombres,
Et je ne trouve pas la clé qui m'ouvrira les ombres.

Au secours, j'ai besoin d'une main tendue,
D'un regard compréhensif, d'une présence émue.
Je suis à bout de souffle, à la recherche d'un souffle,
Qui m'aidera à me relever, qui me redonnera la fougue.

Le Titanic

Le Titanic a sombré, tragiquement englouti,
Dans les eaux sombres, là où les destins s'enfuient.
Un navire imposant, symbole de grandeur,
Brisé par les flots, dans cette immense noirceur.

Il était réputé insubmersible, invincible,
Mais cette nuit-là, tout paraissait impossible.
Les icebergs étaient là, silencieux et froids,
Prêts à transformer un rêve en un funeste émoi.

Le Titanic avançait, majestueux et altier,
Emportant à son bord tant d'espoirs imaginés.
Des rires, des sourires, des vies à rebâtir,
Toutes ces promesses, englouties sous le pire.

Les passagers se pressaient, insouciants et joyeux,
Un voyage grandiose, un bonheur précieux.
Mais l'océan rugissant se dressait devant eux,
Prêt à ensevelir un rêve insensé et audacieux.

La collision fatale, le choc assourdissant,
Les cris, la panique, l'effroi saisissant.
Des hommes, des femmes, des enfants pétrifiés,
Confrontés à la brutalité de leur destinée.

Le Titanic a sombré, emportant tant de vies,
Dans les abysses froids, où le silence se marie.
Mais il reste dans nos cœurs, ce souvenir amer,
De ce navire majestueux, ravagé par la mer.

Nous nous souvenons de ce tragique événement,
Des leçons apprises, de la fatalité des éléments,
Le Titanic repose désormais dans les profondeurs,
Laissant derrière lui une mer emplie de douleurs.

L'itinéraire périlleux

Sur l'itinéraire périlleux de ma vie,
Je trace des chemins incertains,
Mes émotions en émoi, tourbillonnent comme un typhon
Perdu dans la tempête de mes pensées vide.

Les écueils se dressent, menaçants et sombres,
Tout autour de moi, prêts à m'engloutir,
Et mon cœur vacille, emporté par la peur,
Alors que je cherche désespérément à m'enfuir.

Mais dans cette obscurité, une lueur d'espoir brille,
Un souffle de courage, une étincelle de foi,
Qui me pousse à avancer malgré les embûches,
A surmonter les obstacles, à combattre mes émois.

Sur l'itinéraire périlleux de ma destinée,
Je refuse de me perdre dans la tourmente,
Je choisis de lutter, de me relever encore et encore,
Et de tracer ma voie, à travers la douleur persistante.

Car au bout de ce chemin tortueux et incertain,
J'espère trouver la paix, la sérénité et la clarté,
Et je continuerai à avancer, pas après pas,
Sur cet itinéraire périlleux, en quête de liberté.

Ce n'est pas l'âme qui meurt

Ce n'est pas l'âme qui meurt, oh non, elle survit.
Elle s'envole en silence, lorsque le corps s'assoupit
Elle plane dans les cieux, libérée de ses chaînes.
Elle danse avec les étoiles, et ne connaît plus la peine.

Ce n'est pas l'âme qui meurt, elle est éternelle
Elle continue son voyage, là où tout s'annule
Elle rejoint les anges, elle devient lumière
Elle trouve la paix, loin de la terre meurtrie.

Ce n'est pas l'âme qui meurt, elle reste en nos cœurs
Elle laisse son empreinte, et toujours, elle demeure
Elle brille dans nos souvenirs, elle nous guide en secret
Elle est l'étoile du soir, qui veille à jamais.

Ce n'est pas l'âme qui meurt, elle est amour infini
Elle réchauffe nos vies, malgré la nuit qui l'assombrit
Elle chante dans le vent, elle murmure dans le ruisseau
Elle porte nos espoirs, au-delà du tombeau.

Ce n'est pas l'âme qui meurt, elle est lumière éternelle
Elle brille dans l'obscurité, dans un monde parallèle
Elle est présente à jamais, guidant nos pas dans l'ombre
Elle est l'éternelle flamme, dans notre cœur, qui nous comble.

Ce n'est pas l'âme qui meurt, mais elle renaît toujours
Elle transcende la mort, en un ultime retour
Elle est l'énergie de l'univers, elle est notre éternité
Elle est la vie après la vie, pour l'éternité.

Les larmes amères et salées

Dans l'obscur de la nuit, mes larmes coulent salées,
Amères chagrins de l'âme, douleur emprisonnée,
Corps brisé, cœur meurtri, une peine déloyale,
Dans le silence cruel, la souffrance s'étale.

Les épreuves de la vie, mes maux je les déverse,
Sur mes joues marquées, les rivières de détresse,
Des larmes amères coulent en un flot sans fin,
Et emportent avec elles un morceau de chemin.

Sous le poids de la douleur, je lutte et je vacille,
Mais dans ces larmes salées, je trouve une habile
Force, un réconfort, un apaisement sincère,
Une pause pour mon cœur, une trêve éphémère.

Et dans ce doux remous, je recherche un refuge,
Où mes larmes amères, loin du déluge,
Peuvent s'évanouir, cédant leur cruelle emprise,
Pour laisser place enfin à la douceur, à la brise.

Que mes larmes amères deviennent douce rosée,
Et que dans l'horizon, la tristesse soit effacée,
Que la vie reprenne son souffle et son élan,
Et que mes larmes salées s'envolent dans le vent.

Nostalgie d'un passé

Dans les méandres du temps, je me perds
Ma mémoire se remplit de souvenirs
Des moments passés, doux et chaleureux
Qui brillent dans mon cœur, lumineux.

Des rires, des sourires, des étreintes
Des instants de bonheur, de tendresse feinte
Se sont évaporés dans le vent de l'oubli
Et laissant place à une douce mélancolie.

Je me souviens des jours où le soleil brillait
Où l'amour fleurissait, où tout était parfait
Des nuits étoilées, des promenades tranquilles
Où le monde était doux, sans peines inutiles.

Mais le temps a passé, emportant ces instants
Et maintenant, je me sens seul, nostalgique, impuissant
Je revis ces moments dans ma tête, boucle infinie
Regrettant tout ce qui s'est perdu, comme une mélodie.

Nostalgie d'un passé révolu, irrévocable
Qui s'accroche à mon cœur, indomptable
J'aimerais pouvoir revenir en arrière, retrouver
Tous ces petits bonheurs que j'ai laissé filer

Mais le passé est passé, immuable et figé
Je ne peux que le chérir, le regretter, et pleurer
Dans l'ombre de la nostalgie, je me perds
Et je continue à rêver de ce passé, si doux et sincère.

Amour perdu

Dans l'ombre des souvenirs, je me perds
Ton absence me déchire le cœur
Je marche seul, dans ce vide immense
Rien ne peut combler cette absence.

Les promesses murmurées se sont envolées
Notre amour s'est éteint, s'est envolé
Les mots d'amour résonnent comme des mensonges
Et mon cœur pleure, dans cette nuit sombre et longue

Ton sourire, autrefois si vibrant d'espoir
Est devenu fantôme, souvenir d'un autre soir
Je m'accroche aux fragments de passion
Mais tout se brise, dans cette cruelle immersion.

Les étreintes, les caresses, tout n'est plus que fumée
L'amour perdu s'est effacé sans pitié
Je suis seul, perdu dans cette tempête de peine
Mon cœur saigne, dans cette sombre rengaine.

Ton visage est un mirage, une illusion
Je cherche en vain, un soupçon d'émotion
Dans cette danse macabre, je me perds
Amour perdu, je ne cesserai de pleurer cette triste mer.

Solitude infinie

Dans le silence de l'âme solitaire,
La solitude s'étende comme une mer sans fin,
Où les vagues de chagrin déferlent amères,
Et où se perdent les espoirs incertains.

Dans cette immensité désolée,
Mon cœur ne se noie dans un océan de peine,
Et mes pensées s'égarent en tourbillons délirés,
Emportées par la tristesse qui m'entraîne.

Les échos lointains de voix oubliées,
Résonnent dans le vide de ma triste existence,
Et les ombres dansent dans la pénombre oubliée,
Me laissant seul, sans aucune autre présence.

Pourtant, au cœur de cette immensité sans fin,
Brille une lueur d'espoir, minuscule et fragile,
Un doux rayon de lumière qui lutte et s'éteint,
Dans ce désert de solitude où le temps défile.

Alors j'attends, dans cet infini dérisoire,
En espérant que cette solitude se brise,
Et que viendra enfin le jour de revoir,
Un peu de chaleur dans ce monde de grisaille.

Cœur déchiré

Cœur déchiré, aux mille tourments
Tu pleures silencieusement
Tes blessures secrètes, tes cicatrices profondes
Nul ne sait le poids de ta douleur, à chaque seconde.

Tes émotions s'entremêlent, se bousculent
Dans ce labyrinthe sombre, où tu t'engloutis
Tes souvenirs douloureux, tes espoirs brisés
Sont gravés dans ta chair, dans ton âme, prisonniers.

Cœur déchiré, tu cherches la lumière
Dans l'obscurité qui t'entoure, dans cette mer de misère
Mais chaque pas te ramène à la chute
Chaque rire te rappelle ta solitude.

Tes larmes sont autant de cris muets
Qui résonnent dans le silence, dans l'infini désert
Mais malgré tout, tu gardes une lueur
D'espoir, de courage, de force intérieure.

Cœur déchiré, tu peux panser tes plaies
Te relever, malgré la tempête qui rugit
Car au fond de toi, brille une étincelle
Qui te guide, qui te pousse à te battre, à croire en toi, fidèle.

Alors relève-toi, cœur déchiré
Et laisse la douleur se dissiper
Car même dans l'obscurité la plus profonde
Tu trouveras toujours une lueur qui inonde.

Juste pour le coltan, ils nous tuent

« Juste pour le coltan, ils tuent » est un poème qui aborde le sujet troublant de l'exploitation et de la violence associées à l'industrie du coltan à l'Est de la République Démocratique du Congo. Le coltan, un minéral essentiel dans la fabrication des téléphones portables et autres gadgets électroniques, est souvent extrait dans des conditions de travail dangereuses et injustes. Le poème dénonce cette réalité et met en lumière les conséquences néfastes de cette recherche du profit au détriment des vies humaines. Il invite le lecteur à réfléchir sur les traitements infligés aux travailleurs et à remettre en question notre utilisation de ces produits technologiques qui alimentent cette chaîne d'exploitation.

Juste pour le coltan, ils nous tuent

Juste pour le coltan, ils nous tuent,
Dans les mines obscures où l'horreur se répand.
De ce trésor rare, source d'une nouvelle ère,
S'écoule, telle une funeste prière.

Ce minerai précieux, nous l'avons acquis,
Mais à quel prix, sommes-nous prêts à le souffrir ?
Le coltan, si convoité par notre modernité,
Cache des histoires sombres, des vies détruites à jamais.

Les enfants, les femmes, les hommes opprimés,
Dans l'ombre des multinationales, sont piégés.
Leurs mains innocentes, façonnent ce trésor,
Sans jamais connaître le vrai sens du mot « espoir ».

La cupidité s'étend, les conflits se nourrissent,
Autour des mines de mort, les âmes périssent.
Le coltan, symbole de progrès et de pouvoir,
Se teinte du rouge du sang des désespoirs.

Les cris se perdent dans les abîmes sans fin,
Les larmes inondent ces contrées lointaines.
Au nom de la technologie, sommes-nous prêts,
A ignorer cette souffrance, ce triste secret ?

Juste pour le coltan, ils nous tuent,
Laissons-nous emporter par cette douloureuse issue.
Réveillons notre conscience, retrouvons notre humanité,
Pour que jamais plus le coltan ne soit synonyme de cruauté.

Tombe de mauvais souvenirs

Au creux d'une sombre tombe, gisent les mauvais souvenirs,
Comme des fantômes, prêts à ressurgir.
Ils hantent nos pensées, tel un sinistre cauchemar,
Emprisonnés dans un lieu où règne le désespoir.

Chaque souvenir est une pierre tombale,
Figée dans le passé, mélancolie fatale.
Les regrets, les remords, les douleurs du passé,
S'enchevêtrent, nous laissant épuisés.

Les erreurs commises, les mots trop vite dit,
Se tapissent dans l'ombre, dans l'oubli.
Mais la tombe de mauvais souvenirs,
Ne peut les emporter, les faire mourir.

Ces fantômes nous tourmentent, de leurs voix funestes,
Et portant, il faut trouver la force, la geste.
Faire face à ces souvenirs enfouis,
Pour avancer, enfin, vers un présent épanoui.

La tombe de mauvais souvenirs, un lieu de résilience,
Où l'on peut exhumer les leçons de nos errances.
Les transformer en sagesse, en force nouvelle,
Pour que l'avenir brille de lueur plus belle.

Il faut travailler

Il faut travailler, jour après jour,
Pour bâtir notre avenir avec amour.
Que ce soit de nos mains ou de notre esprit,
Le travail est la clé pour accomplir nos envies.

Il nous pousse à dépasser nos limites,
A faire preuve de discipline et de mérites.
Il nous enseigne l'effort, la persévérance,
Et nous aide à atteindre nos rêves en errance.

Le travail est le moteur de notre existence,
Il nous donne un sens, une légitime immense.
Il façonne notre esprit, forge notre caractère,
Et permet à nos talents de se révéler.

Dans le travail, nous trouvons la fierté,
De créer, de contribuer à la société.
Il donne un rythme à nos journées,
Et nous permet de nous épanouir en vérité.

Alors travaillons, avec passion et rigueur,
En faisant de notre mieux, avec honneur.
Car le travail est la clé de notre épanouissement,
Pour une vie remplie de succès et d'accomplissements.

La plaie endolorie

Oh, plaie endolorie, cicatrice de ma peau,
Témoin silencieux de tant de maux,
Tu te rappelles les blessures du passé,
Et les douleurs qui ont tant tourmenté.

Tu as été créée par les peines profondes,
Par les chagrins et les blessures graves,
Mais malgré tout, tu me rappelles aussi,
Que chaque épreuve a une fin, une sortie.

Du fond de ta douleur, tu murmures une leçon,
Que même les plaies peuvent trouver leur guérison,
Car le temps, l'amour et la patience,
Peuvent adoucir, apaiser la souffrance.

Fais-moi souffrir, si c'est nécessaire,
Car de cette souffrance peut naître une lumière,
Et en guérissant, tu te transformes en force,
Qui m'encourage à aller de l'avant, sans remords.

Ne pleure pas quand tout va mal

Ne pleure pas quand tout va mal, mon ami,
Car les larmes ne feront qu'assombrir le jour.
Regarde plutôt au-delà des nuages gris,
Et trouve en toi la force de continuer ainsi.

La vie est faite de hauts et de bas,
De moments joyeux et de tristesse parfois,
Mais chaque épreuve nous rend plus forts,
Et nous apprend à apprécier les jours meilleurs.

Ne pleure pas, laisse tes peines s'envoler,
Car après la pluie, vient toujours le soleil se lever.
Sèche tes larmes et relève-toi avec courage,
La vie est une bataille, mais tu en es le capitaine.

Chaque obstacle est une occasion de grandir,
De trouver en toi des ressources à nourrir.
Laisse la tristesse se transformer en détermination,
Et avance sur ton chemin avec détermination.

Ne pelure pas, mais plutôt souris aux étoiles,
Car elles te rappellent que l'espoir est là, sans faille.
Trouve la force en toi pour faire face aux difficultés,
Et transforme chaque épreuve en opportunité.

Repose en paix

Repose en paix, cher être cher,
Ton départ laisse notre cœur en larmes amères.
Tu t'es envolé vers un monde inconnu,
Laissant derrière toi souvenirs et émotions éperdus.

Ta présence illuminait nos vies,
Et maintenant, ton absence nous plonge dans l'ennui.
Ton sourire chaleureux, tes paroles réconfortantes,
Nous manqueront à jamais, d'une manière bouleversante.

Tu as été un rayon de soleil dans nos jours sombres,
Et maintenant, notre monde est teinté de gris et d'ombres.
Mais nous gardons en nous des souvenirs précieux,
Qui nous rappellent combien tu étais valeureux.

Repose en paix ; cher être cher,
Ta douce mémoire restera vivante à jamais dans nos cœurs.
Nous continuons notre chemin avec tristesse et chagrin,
Mais nous savons que tu veuilles sur nous, là-haut, dans le lointain.

Au-revoir, cher être cher, adieu,
Que ton âme repose dans la sérénité et la douceur.
Nous gardons l'espoir de te rejoindre un jour,
Dans un monde meilleur, où l'amour est toujours.

Présumons

Présumons, chère âme vagabonde,
Que le monde est un vaste jardin fécond
Présumons que chaque fleur cache un mystère,
Que chaque chemin mène à des contrées à découvrir.

Présumons que la vie est un éternel jeu,
Où le hasard et le destin se mêlent sans aveu.
Présumons que chaque rencontre est une leçon,
Que chaque détour nous mène vers une nouvelle passion.

Présumons que l'amour est un lien éternel,
Où deux cœurs s'unissent dans un élan solennel.
Présumons que chaque regard est une promesse,
Que chaque étreinte est une douce caresse.

Présumons que la beauté réside en chaque chose,
Dans les montagnes majestueuses et les rivières closes.
Présumons que chaque instant est une opportunité,
De savourer la vie avec intensité.

Le caméléon

Ô caméléon, être mystérieux et versatile,
Dans sa nature si étrange, tant d'émerveillement se distille.
Changeant de couleurs comme un véritable artiste,
Il fascine par son adaptabilité si opportuniste.

Il vogue dans les forêts, telle une feuille au vent,
Et sa peau se pare de nuances, jouant avec le temps.
Du vert éclatant au brun terreux, il se fond dans le décor,
Afin de se protéger des prédateurs, il déploie son trésor.

Caméléon, il est un exemple d'adaptation,
Face aux situations, il change sans hésitation.
Il s'ajuste aux défis et aux environnements,
Et il trouve toujours une solution pour avancer sereinement.

Sa capacité à être flexible et résilient,
Est une leçon pour ceux qui sont plus souvent chagrins.
Dans un monde en perpétuelle évolution,
Il est essentiel de s'adapter avec détermination.

En lui, nous trouvons le courage de changer,
D'embrasser les défis, de nous réinventer.
Comme lui, nous pouvons nous adapter,
Et laisser nos couleurs se mélanger.

Tu fumes, tu meurs

Tu fumes, tu meurs, tu joues avec le feu,
Les volutes de fumées s'enroulent au tour de toi.
Insidieusement, elles troublent tes poumons en jeu,
Et le mort rode, sournoise, derrière toi.

Ton paquet de cigarettes, allié perfide,
Te promettait des plaisirs, des moments de détente.
Mais ni plaisir ni calme, seulement un vide,
Qui envahit ton être, te laissant sans défense.

La fumée s'insinue dans chaque pore de ta peau,
Et lentement, elle consume tes organes,
Ton souffle court, ton cœur bientôt en lambeaux,
C'est un poison qui s'immisce dans tes veines.

Brise tes chaînes, éteins le brasier,
Quitte cette prison volontaire de fumée.
Respire à nouveau ; libre et apaisé,
Car la vie t'attend et t'invite à l'aimer.

Le mariage n'est pas une course

Le mariage n'est pas une course, ma chère,
Ce n'est pas une compétition à remporter.
C'est un doux voyage, une belle aventure,
Une union où l'amour doit triompher.

Ce n'est pas une course aux alliances d'or,
Ni un sprint vers l'autel à toute vitesse.
C'est une danse harmonieuse et pleine d'efforts,
Où chaque pas compte pour bâtir une tendresse.

Le mariage n'est pas une compétition,
Pour voir qui sera le premier à réussir.
C'est un chemin où l'entraide est une leçon,
Où il faut se soutenir et se réjouir de grandir.

Il ne s'agit pas de marquer le plus de points,
Mais de se donner sans compter l'un pour l'autre.
C'est une alliance qui se construit sur les seuls,
Moments de bonheur partagés sans autre.

Alors, posons nos soucis et nos craintes,
Et savourons chaque instant qui s'offre à nous.
Le mariage, c'est une aventure sainte,
Une union où l'amour est toujours plus doux.

Oublions le passé

Oublions le passé, le temps est venu,
De tourner la page, de voir tout autrement.
Les blessures, les erreurs, tout est révolu,
Laissons la place à l'amour, à l'instant présent.

Les regrets et les remords, enterrons-les profond,
Ils ne font que raviver les souffrances passées.
Le poids des regrets, il est lourd et tenace,
Dans nos cœurs ; laissons place à la légèreté.

Le passé ne peut être changé, il est figé,
Alors regardons vers l'avenir, main dans la main,
Nous avons tant à construire, à partager,
Des moments insouciants, des lendemains sereins.

Les cicatrices restent, mais elles ne défissent pas,
Notre futur est à écrire, une page blanche à remplir.
Faisons de chaque instant une œuvre d'art,
Où amour, confiance et bonheur se conjuguent sans fin.

La vie est trop courte pour se perdre dans le passé,
Des souvenirs douloureux nous empêchant d'avancer.
Rappelons-nous seulement les moments de joie,
Et créons ensemble une nouvelle histoire.

Le pardon

Le pardon, doux baume sur les blessures,
Un élixir d'amour, une source de guérison.
Il efface les rancœurs, les peines les plus dures,
Et nous libère de toutes nos afflictions.

Le pardon, un geste noble et pur,
Qui transcende les souffrances passées.
Il ouvre la porte à un nouvel avenir,
Un chemin d'amour et de liberté tracé.

Pardonner, c'est laisser partir le poids,
Les ressentiments qui nous emprisonnent.
C'est donner une seconde chance à l'autre,
Et s'offrir soi-même une renaissance.

Le pardon, un acte de courage et de force,
Qui demande de lâcher prise sur la colère.
Il ouvre les portes de la paix et de l'apaisement ;
Et permet de retrouver notre lumière intérieure.

Le pardon, une bénédiction qui transcende,
Qui nous permet de dépasser nos propres limites.
Un acte de bienveillance et de compassion,
Qui nous ouvre les portes vers un bonheur infini.

Lumumba, véritable héros

Lumumba, véritable héros de notre histoire,
Tu t'es levé pour défendre notre patrie,
Ton courage indomptable a marqué les esprits,
Tu as lutté jusqu'au bout, sans jamais te soucier.

Tu as clamé haut et fort la liberté,
Pour ton peuple opprimé, tu t'es battu,
Ta voix a résonné dans chaque rue,
Tu as rappelé que l'Afrique devait être libérée.

Ton discours vibrant et puissant,
A touché les cœurs de milliers d'enfants,
Tu as dénoncé les conséquences du colonialisme,
Et réclamé une indépendance sans néocolonialisme.

Mais les puissants n'ont pas voulu t'écouter,
Ils ont ourdi des complots pour te faire taire,
Tu as été arraché à tes terres, à ta terre mère,
Ton destin brisé, ton combat inachevé.

Lumumba, ton nom reste gravé dans nos mémoires,
Comme celui d'un véritable héros de l'histoire,
Tu as sacrifié ta vie pour notre liberté,
Et nous ne t'oublierons jamais ô Lumumba, ô cher Lumumba.

Ton héritage demeure dans nos luttes quotidiennes,
Pour la justice, l'égalité et la dignité,
Nous poursuivrons ton combat avec fierté,
En espérant un jour vivre dans un monde sans peine.

Lumumba, véritable héros de notre combat,
Ta voix résonne toujours, malgré les années,
Tu restes un symbole d'espoir et de vérité,
Et ta mémoire vivra à jamais dans nos cœurs en éclat.

Chrétiens et Musulmans

Au-delà des cultures et des croyances,
Deux peuples se tiennent la main,
Chrétiens et musulmans en alliance,
Semblables en humanité, unis dans le destin.

Chacun avec sa spiritualité,
Son regard sur Dieu et sur le monde,
Partage la quête de la vérité,
Apporte sa pierre à l'édifice de la ronde.

Et au-delà des différences,
Se dessine un horizon vibrant,
Où la fraternité propulse l'essence,
L'harmonie comme seule intention.

Car malgré les aléas du temps,
Les tensions, les peurs et les méfiances,
L'humanité nourrit un élan,
Vers un monde meilleur en jouvence.

Il faut épargner

Dans ce monde où l'argent règne en maître,
Il est un geste à ne pas faire paraître.
Il faut épargner, garder précieusement,
Pour assurer notre avenir sereinement.

Il est tentant de tout dépenser,
De se laisser emporter par les plaisirs futiles.
Mais l'épargne, elle, nous offre une sécurité,
En ces temps incertains, elle est notre bouclier habile.

Epargner, c'est semer des graines d'abondance,
Pour récolter les fruits de notre diligence.
C'est construire un avenir solide et sûr,
En faisant preuve de prudence et de pure voûte.

L'épargne est une amie fidèle,
Qui nous dresse une échelle vers le ciel.
Elle nous permet d'atteindre nos rêves les plus beaux,
Et de prouver aux autres notre savoir-faire des monceaux.

Car l'argent, bien géré, est un outil puissant,
Qui peut changer notre existence, notre présent.
Non pas pour l'emporter de façon égoïste,
Mais pour partager, aider et soutenir, sans triste.

La souffrance n'est pas éternelle

La souffrance peut être profonde,
Elle peut nous envahir tout entier,
Nous faire croire que la vie est immonde,
Et nous empêcher de respirer.

Elle peut venir de la perte d'un être cher,
D'un amour qui s'en est allé
De problèmes de santé ou financiers,
Ou de toute autre difficulté.

Mais la souffrance, aussi grande soit-elle,
N'est pas destinée à durer toujours,
Elle peut s'avérer comme une étincelle,
Qui allume en nous un feu d'amour.

Elle nous révèle notre force intérieure,
Notre capacité à résister,
Elle nous apprend aussi la valeur,
De chaque instant et chaque endroit

Elle nous ouvre les yeux sur la vie,
Et nous fait découvrir de nouvelles voies,
Nous apprenant bien qu'elle est finie,
Et que chaque moment mérite son poids.

Alors ne craignons pas la souffrance,
Ni son cortège de doutes et de peurs,
Mais laissons-nous porter avec éloquence,
Vers l'avenir, plus fort et plus lueur.

CONCLUSION

« La tristesse infinie du silence » est un recueil de poèmes qui explore les différentes facettes de la tristesse et de la souffrance, et met en lumière la puissance et la beauté du silence.

Les poèmes révèlent la profondeur des émotions humaines et la recherche de sens dans un monde parfois difficile à comprendre. Ils offrent également un espace de réflexion et de contemplation ; invitant le lecteur à se plonger dans son propre monde intérieur.

Ce recueil nous rappelle que la tristesse et le silence sont des émotions universelles qui peuvent nous toucher au plus profond de notre être. Il évoque également l'espoir et la résilience qui peuvent émerger de la douleur et de la solitude.

Somme toute, « La tristesse infinie du silence »nous laisse avec un sentiment de compréhension et d'acceptation de nos propres émotions, et nous rappelle la beauté et la richesse qui peuvent émerger de ces moments de silence et de tristesse.

Table des matières

Printed by Books on Demand GmbH, Norderstedt / Germany